La Era Efím

por

Byron Rizzo

Prefacio

Nada en este mundo o universo es ajeno al cambio. El cambio como constante infinitesimal, desde las grandes esferas cósmicas, hasta nuestros propios cuerpos y su dimensión celular, afecta todo cuanto existe. Aunque la dinámica sea demasiado grande para poder notarla, ahí se encuentra. Por extrañas paradojas de la mente, el ser humano, inserto en tanta metamorfosis constante, sin embargo suele tener sus reparos para aceptar o sentirse cómodo en tal transformación inevitable. Desde los dogmas milenarios que se encargan de mantener tradiciones, a las grandes corrientes filosóficas que siempre están vigentes, o la misma localización de los asentamientos que se repite desde hace siglos, tenemos una marcada costumbre por lo conocido.

Quizás por eso mismo las transformaciones que hemos ido sufriendo desde el fin de la Edad Media, más precisamente desde el Descubrimiento de América y la invención de la Imprenta, crearon una serie de nuevos paradigmas característicos, desconocidos hasta entonces. Nunca tan acelerados y con la fuerza de una vorágine indomable, que en los últimos 100 años. La masividad de la energía eléctrica, el fin de varios derroteros políticos, 2 Guerras Mundiales, el apogeo de artes y medios de comunicación como la radio y la televisión, así como también de formas de transporte físicas más rápidas y eficientes. Explosiones de cambio que aún no hemos terminado de comprender, y que son y serán sujeto de estudio en los siglos por venir.

El mayor catalizador de diferencias, la más grande variable que creo otras y produjo un cisma irreconciliable con el pasado, sin embargo ha llegado en los últimos 30 años. Porque si hubo algo que, cuando parecía ya estar todo inventado, le dio un nuevo sentido, lo reconvirtió, y hasta dejó obsoletas las anteriores formas de interacción, fue Internet.

Nunca podremos darnos cuenta nosotros mismos, del impacto que ha tenido en la cultura, la forma de consumir información, de trabajar y relacionarnos, la gran red de redes. Es muy probable que en las décadas que nos esperan, recién ahí las nuevas generaciones, que no vivieron en el mundo que hasta hace tan poco era el común, el conocido, el inamovible, puedan valorar su peso real. Nosotros, inmersos en el transmutación, en la adaptación constante, montando la ola, tenemos la perspectiva del protagonista. Puede que haga falta algún espectador desde la distancia para notar hasta qué punto y grado nos estamos moviendo ahora mismo. Incluso, los acelerados, tropezados y nunca más vigentes cambios que sufre Internet. Porque aún este no es ajeno a la infinita metamorfosis que el humano debe atravesar e imprime a cada cosa que crea.

Más allá de las etapas que se pueden diferenciar con facilidad, aquellas que conglomeran grandes períodos de tiempo como la llamada Internet 1.0 y 2.0, día a día, mes a mes, año por año, nuestra mágica red eléctrica muta. Nacen aplicaciones, se lanzan mercados, foros y páginas, al igual que desaparecen otras tantas.

La transformación es la ley, sin embargo, no todo sobrevive o tiene un equivalente que lo sucede. De la misma forma en que ocurre con la evolución en otros planos más biológicos, hay especies y particularidades que se extinguen, se pierden, o su esencia se trastoca tanto que no es posible reconocer a la misma entidad.

La inmensa mayoría de las personas no lo sabe y no tiene motivo para saberlo, pero aquello que ven como eternizado en la web, no podría estar más lejos de esa valoración. De hecho, la fragilidad de lo online es tan grande, que sobra con que sus servidores dejen de tener mantenimiento para que desaparezca. Todo lo que vemos allí está respaldado en varios lugares, además de tener alguien a su cuidado, un guardián para todos los efectos legales, pero también con la responsabilidad de reparar errores, volver a subir cosas. Todo en Internet, entonces, se mantiene vivo a través de un esfuerzo tras bambalinas. En ausencia del mismo, las cosas comienzan a fallar, los estándares cambian y nadie adapta las páginas o aplicaciones a ellos, y en caso de no renovar la suscripción al servidor, o que el proveedor del mismo deje de darla; allí desaparece todo rastro.

La humanidad y sus medios de perpetuarse siempre han sido particularmente frágiles. Más veces de las que nos gustaría admitir, por errores, conflictos políticos o desastres naturales superiores a nosotros. Inmensas cantidades de cultura e historia se han tenido que suponer, deducir, calcular, debido a la falta de referencia escrita u oral confiable.

No hablamos solamente de tiempos pretéritos escondidos de la luz histórica, hace miles de años, sino incluso de culturas relativamente modernas. Imaginemos por un momento, qué hubiese quedado del Antiguo Egipto, de no haber grabado sus relatos y hazañas en piedra y monumentos, los testigos más duros de las peripecias del ser humano.

En una era en la que nada está grabado en piedra, y todo tiene una fragilidad tan grande que un simple apagón de tendido eléctrico lo vuelve inaccesible, ¿Qué dejaría nuestra actual civilización, la cual ya vive más en línea que en persona? Más importante aún: ¿Llegamos a darnos cuenta del giro inesperado que se ha acelerado en los últimos años? Porque hoy en día, hay una corriente poderosa, incontestable, expandida a cada aplicación y servicio de mensajería, paradójicamente llamada modo historia. Irónico, que se use tal palabra para algo diseñado y pensado para desaparecer luego de apenas 24 horas.

¿Qué estamos dejando de lado al consumir y crear para un medio tan efímero?

Memoria Persistente

La web global no tiene una forma única, inamovible. Va mutando con el tiempo y respondiendo a los cambios y necesidades de la sociedad que la utiliza. Para aquellos nacidos dentro de su alcance, será difícil creer lo distinta que era cuando llegó a la masividad incontrolada y sin filtros, naif e inocente, de los años 90s.

Ligada a una explotación por parte de las compañías de teléfono, que vieron en esas conexiones Dial-Up una excelente forma de enganchar y luego cobrar el equivalente a una llamada que podía durar noches enteras; Internet creció desde una minoría activa y pionera, a una comunidad. No había en la práctica nada por fuera de aquello que podría llamarse de autor, siendo la excepción las primigenias páginas profesionales de empresas, más decorativas que prácticas. Sitios como GeoCities, con sus barrios y agrupaciones, donde cada quien tenía la posibilidad de ser un webmaster de la prehistoria, con eternos gifs y una estética que dejaré a comentario del lector, marcaron escuela. Eran tiempos de aprendizaje, de depuración, que duraron años, pero jamás estuvieron exentos del lento caminar hacia lo efímero.

Sería más que complicado hoy, encontrar buena parte de esas zonas que fueron, junto con los primeros foros online, academia y plataforma de inicio para la primera generación en contacto con Internet. Se han desvanecido, dejando solo su recuerdo en el éter.

Algunas, las más icónicas, se mantienen como fantasmas cargados de nostalgia, pequeñas cápsulas del tiempo suspendidas en una telaraña de archivos históricos. Al menos, por ahora. Ya que nadie sabe a ciencia cierta cuándo algo así puede desaparecer del todo. Un despiste del copista, una falta de pago del webmaster, o la ausencia en el plano de los vivos de cualquiera involucrado en salvar tal memoria, y quedará a la deriva.

La condición cambiante, económica y competitiva de Internet, hace que cada cosa allí almacenada, mostrada, accesible, cueste dinero. Desde las direcciones web, hasta el hosting, la cuota de datos y su velocidad. Todas estas cosas son en su totalidad desconocidas para el usuario común y corriente. Que como mucho habrá diseñado una página web en alguna clase de informática, pero no sabe todo el resto de exigencias que hay para hacerla pública. Ante tales necesidades, la respuesta son soluciones gratuitas en apariencia, pero que pecan de la fragilidad de su existencia. Sujeta a la bondad o mejor dicho, a la capacidad de generar dinero de sus dueños por medio de tal dádiva a sus usuarios.

Si, poner una página web online, es algo que cuesta dinero, tiempo, esfuerzo y cierta experticia que, si bien es accesible, no es innata. Por eso servicios como Facebook, Twitter o Instagram han sido tan exitosos: Por lograr invisibilizar toda esta parte arcana de sus usuarios, que jamás se enteran de tales malabares técnicos tras bambalinas. Pero allí también se engendra la semilla de lo efímero, debido a que sin los dueños de tal plataforma, las mismas y todo su contenido, pueden irse al olvido y desvanecerse en el éter. Tal como lo hicieron miles de barrios, experiencias e historias en GeoCities y tantos otros lugares anónimos de menor relevancia que ya han sido olvidados.

Extraña ironía de la modernidad, es que la estética propia de esos años haya terminado siendo la inspiración para otras generaciones que no la vivieron, como es el caso del VaporWave. Parece que a pesar de todo, la memoria más persistente que tiene el humano, no es la digital o magnética, sino la inconsciente, colectiva. Al menos, mientras dure. Por ahora.

¿Quién leerá lo escrito en agua?

Lo fundamental para poder leer una historia, es que haya alguien que la escriba en primer lugar. La cantera interminable de personajes que vienen y van a lo largo de los siglos, es inagotable por si misma. Mientras haya humanos habrá quien invente. En otro orden, se necesita de un medio de transmisión, sea este oral, escrito, a través de palabras o piedras. La codificación y el entendimiento de tal código, de traducción e interpretación posterior, también se antoja primordial. Apliquemos tal simple idea de la comunicación a Internet y nuestro tiempos.

Sin un medio como lo es la red de redes, en donde todo dura apenas el tiempo de mantenimiento que le den sus dueños, no podría existir tal intercambio. Nuestros códices, nuestros jeroglíficos o rollos del mar Muerto modernos, son volátiles. Superfluos, frágiles. Con la desaparición, cierre, caída o pérdida de tal archivo digital almacenado en servidores, no hay nada que tenga la vigencia que la roca cincelada o el comentario popular trasmitido por generaciones posea. Más aún, el código creado y empleado por sus usuarios, es tan efímero, que en menos de una década el *leet* (jerga de Internet), cambia al punto de parecer otro idioma por completo diferente. Hasta allí llega, y se rompe, la posibilidad de hacer llegar el mensaje original. Navega a la deriva como un barco fantasma que no puede echar anclas en nadie que lo comprenda.

Quizás por motivos como ese, es que de hecho se escribe cada vez menos en Internet, y eso que siempre se escribió poco. Los blogs de autor, con contenido extenso y cerebral, de largas dimensiones y coherencia, son ya una quimera de otros tiempos. Plataformas como Twitter, de uso casi universal, castigan con dureza la extensión al punto de prohibirla. Nadie parece extrañarla o extrañarse de tener que abrir hilos de tweets para poder expresar una idea, que tranquilamente podría haber dicho en una oración, sin detenerse a respirar. Pero esto no es culpa del medio, sino un reclamo del usuario. Si el modelo de Twitter fuese malo, habría fracasado. Al seguir online, valida en la práctica y con empirismo puro, el concepto de que los usuarios cada vez tienen menos que expresar, o lo hacen en acotados caracteres.

Mismo caso puede verse en otras redes sociales en las que sucede igual, aunque no haya un límite tan estricto. No hay dudas: colectivamente y por el éxito universal de esas plataformas, la sociedad escribe y se expresa menos. Al punto en el que llega a tomar como un insulto, un incordio, un desafío, leer o escuchar a alguien versar sobre cualquier tema en forma extensa.

La censura por extensión, manifiesta o implícita, es real. Es la contracara de una sociedad que sin dudas y por caudal, alza la voz en pocos caracteres, pero hace agua luego al consumir o tomar el bastón de mando y tener que utilizar una generosa extensión de texto. Perdiendo así, o al menos relegando, una parte fundamental de la cultura, la analítica, la cerebral, la medida y toda aquella que por definición o forma, no pueda resumirse en pocas palabras. O que no deba ser sintetizada. ¿Alguien se imagina resumir a varios de los grandes maestros más verborrágicos como Tolstoi y su incontenible y sedienta pluma?

Las redes sociales, de intercambio e información modernas, manifestaciones humanas, no hacen más que demostrar el punto. Nacen, invierten y se forman alrededor de un dogma del cambio constante. De lo efímero en toda su potencia. En una Internet donde las cosas duran poco, el foco es llamar la atención hasta de formas non sanctas, apelando a la mentira y la desinformación como carnada. Por una cuestión de lógica, en esa modalidad, gana lo inmediato, lo corto, lo abreviado.

Sin embargo, no se detiene allí la cuestión, sino que genera toda una fauna y flora autóctona que se depreda a si misma. Sendos e importantes sitios basan su éxito en tal premiación del ahora. Una verdadera industria del día a día, que también, entiende lo que pide su mercado cautivo. Porque si, además quienes consumen tal información, la buscan, y se hacen adictos a la metodología. Ver las historias con fecha de caducidad de menos de 1 día, pasa de ser un entretenimiento a una necesidad, ya que nunca se puede saber a ciencia cierta qué se puede estar perdiendo de no hacerlo. Lo cual lleva a muchas conclusiones y en especial a una pregunta entre tantas otras.

En una era donde lo instantáneo es rey y exige atención constante, ¿quién invertirá tiempo en lo excelso que merece pasar al futuro? ¿Se le prestará atención, tendrá su lugar, podrá subsistir? ¿Quién escribirá las páginas de la Historia que vivimos? Si lo hace, esperemos que no sea a través de estados e historias que duran menos de 1 día, o dependan de un respaldo que hoy esta presente, pero mañana, no sabemos.

La Inmediatez Errónea

Tales ínfulas de actualidad descartable que se consume con prisa, termina repercutiendo en medios, generadores de contenido y, en una relación de causa-efecto retroalimentadora, en la forma de pensar del público. Es mucho más importante estar actualizado, aunque los datos sean poco fidedignos, que perderse de ganar un seguidor o subirse al carro social de una noticia.

La falta de comprobación y objetividad, antes causal de despido y hasta de pérdida de prestigio irreparable de un medio, ya no parece serlo en absoluto. De hecho, tales errores que no lo son, ya que eran evitables desde un primer momento, son justificados con la falla de los demás, las noticias falsas del medio rival, o cuando no, ignorados por completo y sin más mención.

Para ser justos, la realidad es que más allá de la pobreza metodológica implícita en tal dinámica, la multiplicidad de voces que se manejan actualmente, hacen que la labor se vuelva un verdadero desafío. Para profesionales pero también, para todo el resto de las personas, que sea por confianza o desidia, o por la imposibilidad de la inversión en la carga de la prueba, no pueden pasar en limpio la mentira de la verdad. La información, del chisme sin asidero.

Las redes con su cuota de incomprobable, su carácter de fácil borrado, su animadversión hacia lo eterno y enamoramiento hacia lo fugaz; no hacen más que alimentar tales miserias del pensamiento.

La misma posibilidad que permite ponerse en rol de cronista a cualquier persona con cámara y micrófono, genera un caudal de errores e interpretaciones mal hechas, que obliga a perder una cantidad enorme de tiempo en su chequeo. Razón por la cual tales servicios, sean brindados por redes o por medios tradicionales sin escrúpulos, prefieren pedir perdón a pedir permiso.

Tal realidad del consumo de información podría verse circunscrita a la tarea periodística, pero en absoluto termina allí. Solo comienza, y continúa avanzando con análisis de posverdad, subjetividad indómita, y creación de formas de pensamiento cada vez más estancas, en toda la sociedad. La voz del experto se pierde, no por sus fallas argumentales, sino por la catarata de otras opiniones que la tapan. Si a esto le sumamos el punto ya tratado de la extensión, o la clara popularidad de los que mal informan desde la impunidad, el cóctel se vuelve mucho más peligroso.

Esto se debe a que nuestras formas de consumir información, inciden en forma directa en nuestra forma de entender, ver y comprender el mundo que nos rodea. Haciendo que sea aún más lamentable, el pensamiento de que buena parte de esa argumentación para verlo como es, venga de datos carentes de comprobación, sea por interés oculto explícito, o por irresponsabilidad inocente. Poderosa y muy peligrosa herramienta que, ya lo hemos visto, se usa en el ámbito de la política, las noticias, y que se ha filtrado en simbiosis con tantas otras e incontables actitudes de la vida diaria. Una que cada vez más, premia la inmediatez, lo veloz, pero también, lo erróneo.

Modo Historia

Si bien la fragilidad de los medios digitales puede rastrearse hasta sus comienzos, el modelo imperante actual comenzó sus andanzas con mucha lentitud. Sin comprender del todo cómo o para qué. Con un formato que era más tendiente al archivo, pero a su vez, entronizando poco a poco la irrelevancia del mismo. Enfocado en el ahora, más que en un crecimiento sostenido que luego pudiese visitarse desde la posteridad. Los padres distantes del moderno modo historia.

Con el advenimiento de Internet como medio, comunicación y posterior coronación como deidad moderna, diversos servicios aportaron su pequeño granito de arena. Aunque escasamente emparentados, lugares como Fotolog sirvieron para empezar a hacer masivo aquel concepto de asistencia permanente, con su solitaria foto diaria, y no más. La comunidad que pronto se armó en aquella red, que supo estar entre las 10 más visitadas del mundo, validaría el modelo. Relacionarse ya no era lo único, y para tal efecto pronto vendría Facebook dando pasos de gigante. Mientras, otro de los principales responsables de la característica escueta, sucinta, reducida en espacio, Twitter, empezaba sus andanzas por el mundo

Sin embargo, aún faltaba muchísimo tiempo para que ambos servicios se convirtiesen en los mastondónticos monstruos que son en la actualidad. Por el contrario, el comienzo de Twitter fue más cercano a la timidez. La mayoría de las personas que se convirtieron en *early adopters*, pioneros de tal red, admitían en aquel entonces no comprender muy bien de qué se trataba. Más aún, era increíblemente común que algunos de los primeros tweets, se tratasen sobre el desconcierto o incertidumbre sobre cómo o para qué usar Twitter. Hablamos de la década del 2000-2010, sobre todo en la segunda parte de la misma para ser más precisos. Con una infinidad de gente menos que hoy en día y una penetración social casi nula, exceptuando algunos grupos socioculturales o tribus urbanas específicas, influenciadas por figuras o gurúes informáticos; la pregunta se antojaba válida, lógica. El ecosistema en el que luego Twitter crecería, aún no estaba allí. Pero tampoco estaba la necesidad social, ni la adaptación social a tal idea. Aún eran tiempos de bonanza en muchos blogs, y la famosa y ahora casi arcaica concepción de Internet 2.0, aún se estaba escribiendo.

Muchas de esas dudas iniciales terminarían desapareciendo, exorcizadas por la normalidad en boga. Poco a poco, Internet dejaba de ser un lugar para un sector social, económico y cultural bastante específico. Bestias como YouTube irrumpieron y trajeron una masividad desconocida, una nueva capacidad de entretenimiento y creación de contenido que, con el tiempo, terminaría dejando obsoleto a su progenitor espiritual, el modelo televisivo clásico.

Buena parte de la victoria de Internet sobre tal industria televisiva, con una potencia económica y poder de generar opinión casi unívoca como lo supo ser, llegó de la mano de la inclusión que prometía. Ya no hacía falta esperar, flexibilizando los tiempos.

Creó una multiplicidad de voces que de otra forma no podrían haberse expresado jamás en un medio tradicional, y encumbró nuevas celebridades autóctonas, como las que aún hacen el pan de cada día gracias a YouTube. Allí y en ése momento nacieron muchos de los *memes* y videos a los que seguimos haciendo referencia cada tanto. El cambio de espectador a formar parte, uno de los estandartes de la Internet 2.0, trajo otra consecuencia lógica. Así como se multiplicaban las voces, el material disponible gracias a eso, estallaba en forma exponencial.

El tiempo humano, limitado y finito, se mostraba insuficiente para prestar atención a todo ese universo naciente. Al igual que sucedió con el Big Bang de la televisión por cable en su momento, no alcanzaban los ojos para ver tanto. En tal competencia arrolladora, puede haber germinado la batalla por la atención masiva. Una que sigue hasta nuestros días y que tiene unos claros ganadores: Aquellos que apuestan por el contenido de shock, veloz, impresionante, pero a su vez también falaz o ficticio. De formato enfocado a ser replicable con facilidad, generando así la necesaria viralización, uno de los objetivos de cada creador en el medio. Siguiendo casi los mismos pasos que la televisión había caminado un par de décadas antes, el objetivo era llamar la atención, y no importaba demasiado cómo se lograra.

Esa necesidad de fama ingente, terminó por dejar obsoleto al viejo refrán que hacía referencia a los *15 minutos de fama*. Si ahora se tratasen de *15 segundos*, la verdad es que quizás nos excedamos en el número.

Peor aún, de fama relativa, ya que con la multiplicidad de medios, redes y formatos nuevos para la información, el ideal de un gran público masivo que consume más o menos lo mismo, ha pasado a la historia. Paradojas lingüísticas aparte, cuando se interioriza que el significado real, previo de *Historia,* se refiere a la posteridad, lo que queda para siempre. Cuando hoy, no podría haber dado un giro más alejado de su origen.

La Aceleración del Modelo

Llegaría con el cambio de década, y la posterior obsolescencia no programada pero esperable de lo anterior. El nacimiento de redes como Instagram en 2010, aunque muy distinto del moderno y más cercano a un Fotolog sin límites (o Flicker con componente más social que profesional); Snapchat en 2011, que impulsó el concepto descartable de lo allí compartido; y en especial Vine, servicio de video corto y efectista de 7 segundos en 2013, cambiaría el paradigma por completo.

Cada una a su manera y en distintos momentos, influenciándose mutuamente y tomando referencias de otras más pequeñas que han caído en el olvido, ayudaron a abonar la pradera efímera de historias, estados y actualizaciones que se autodestruyen pasado 1 día. Mientras en otros lugares de intercambio social digital, como Facebook, o de consumo de contenido, como YouTube, lo expuesto tenía la posibilidad de quedarse allí para siempre, en estas redes no. Estaba la capacidad de hacer o exponer cosas más perennes, sin fecha de caducidad, es cierto. Pero el modelo con toda claridad no apuntaba hacia ese lado. Sea por casualidad o causalidad, esas mismas compañías supieron ser, quizás entender, la dinámica de la cultura juvenil de su momento. Una basada en efecto, en lo inmediato, el entretenimiento fugaz y que, sin dudas, premiaba como hoy mismo la brevedad.

La primera generación completamente nacida y criada en los tiempos de Internet, sabía lo que quería y cómo lo quería. Tenía que ser anónimo, fuese de forma tácita o explícita, haciendo que la autoría original cayese en terreno de absoluta irrelevancia. Para paliar esto, sitios como *Know Your Meme* rastrean el origen de los mismos, sean en video, imágenes o frases. Debía ser también efímero, parte de una cultura que en todos sus estamentos tiene una vida útil muy acelerada. Además, y en consonancia con el ideario colectivo de que uno podía ser parte, era menester que se pudiera replicar, viralizar, compartir e insertar en lo cotidiano. Llegando al punto de unir por una misma acción, filtro o desafío a personas de lugares y realidades muy distantes. Caso ejemplar de esto lo vemos en los *Challenge* como el famoso *Ice Bucket Challenge*, aunque el formato ha caído en desuso con el paso del tiempo. En cambio la masividad, ubicuidad y fama de los filtros, estados, historias, no ha hecho más que subir y atravesar a toda la sociedad con capacidad de conexión digital, que no es poca.

Las tres grandes redes apenas mencionadas, Instagram, Snapchat y Vine, fueron una a una reconvitiénse para satisfacer tales usos y demandas de la cultura juvenil. En su camino, terminaron propagando tales ideas a otros medios más viejos, como Facebook, hermanaron a la perfección con el corazón mismo de la precursora efímera, Twitter, y terminaron por crear un estándar de facto que podemos observar a su manera en TikTok, WhastApp, Skype y cuanto medio de contacto social hubiese.

El modelo de consumo rápido, caduco al final de un día o tiempo determinado, corto y con metas virales, solo necesitaba el correr de los años para volverse el rey que es hoy.

Aquellos pequeños momentos de realidad, cotidianidad, difusión en mínimas dosis, tienen su mercado y sentido propio más allá del análisis. Aunque vale también preguntarse, la razón verdadera para que se lo elija como medio, aún cuando lo que se quiere expresar es mucho más largo, extenso o complejo. ¿Qué sentido tiene hacer 50 micro historias, hilos de tweets o cadenas de videos contiguos, cuando la misma información pudo estar mucho mejor estructurada y presentada en formatos distintos (columna, artículo, video reseña, web, etc.)? Muy simple: Que el gran público, ya no lee ni consume el resto de formatos. Que hacer uso de un medio superior para tales fines, pero que tendrá menos repercusión, termina derrotando a la larga, el mismo sentido comunicacional: ¿Quién desea hablar en donde no será escuchado?

De nexo para difusión, pronto estos lugares con espíritu transitorio, se convirtieron en la platea, el escenario predilecto. No importaba el incordio de abrir hilos con pocos caracteres por tweet, concatenar videos que nunca debieron estar cortados, ni que ya existieran sitios más acordes, serios, profesionales para difundir. La masa, el vulgo, el público masivo, no iba a esos lugares. La tiranía del tiempo, que se aplica a todas las cosas de la vida humana, los obligaba a quedarse en aquellos cotos de caza.

La tentación de anidar allí, y la duda existencial no manifiesta de lo que se podría perder al abandonar la red de predilección, terminó ganando. La fuente o la argumentación pueden residir allí, si; pero las analíticas de las páginas son duras y reales, la gente que las visita rara vez lee todo completo. Cuando no, apenas si bucea en el contenido leyendo a las apuradas, o sin preámbulos, juzga el argumento por su conocimiento o confianza en el sitio referencia. Una verdadera falacia de la autoridad en pleno ejercicio, adaptada al mundo digital.

Cuando en 2016 Vine, enteramente bajo el control de Twitter, cerró su posibilidad de subir nuevas actualizaciones, el golpe estaba más que dado. Sería cuestión de tiempo para que otros competidores con ideas similares y más aplicadas a la micro-mensajería, o al concepto de red social, levantasen el cetro y lo actualizaran. El más parecido y que convivió con Vine, fue Snapchat. Pero serían los gigantes como Instagram, Facebook y WhatsApp, del mismo dueño, los que lo popularizarían entre diferentes grupos etarios, sociales, masivos en todo sentido de la palabra. Ya no serían el patrimonio de jóvenes y en su uso, encontrarían un refugio aquellos viejos memes y mensajes que se vienen replicando entre los adultos, desde las épocas de las cadenas de e-mails. El modo historia, había llegado para quedarse, y estaba en todos lados.

Pigmalión o de la Naturaleza Muerta

El arte imita a la vida, y muchas veces, la vida parece emular al arte. Algo muy parecido podría decirse de los medios de comunicación, interacción y convivencia que los humanos desarrollan en diversos períodos históricos. Esta relación de simbiosis entre usuario y formato es, además de lógica, bastante fácil de entender cuando se tiene en cuenta que las herramientas, limitaciones y objetivos comunicacionales de una era en particular, van de la mano. Dicho en resumen, podemos comunicarnos, de las formas en que tenemos disponibles, y no en otras. Pero además, en las que más deseamos o mejor responden a nuestras necesidades o voluntad, sean estas cognoscibles o desconocidas por nosotros mismos.

Como escultores de nuestras propias interacciones, las mismas están sujetas a la calidad inherente que posea el artista, sus medios, y su visión. Validamos ciertas presentaciones, consumimos opiniones específicas. Al hacerlo, incentivamos a que quien las emite, así como el medio que se encarga de transmisor, tengan éxito. Aunque no lo notemos, también castigamos a los que caen por fuera de lo recién expuesto, con la irrelevancia, madre del fracaso comunicacional. Las redes sociales que consumimos, no son más que el vivo reflejo de lo que más parece gustarle a nuestros cerebros en manada, en este preciso momento histórico. De la misma forma que ocurrió antes con la televisión, la radio o la prensa escrita. Con el aditivo adictivo, de que la retroalimentación y medición efectiva de la tasa de éxito y propagación, nunca fue más veloz y mayor.

Como el Pigmalión de Ovidio, estamos enamorados de nuestra propia creación. Una que, en el fondo, también debe su existencia y con tal configuración a esa autoría. Que aprende de nosotros, que no podría haber surgido de otra forma que la que tiene, porque los gustos del creador, son los que son.

La lógica respaldada en estudios varios, indica que los fundadores y desarrolladores de la costumbre efímera digital y sus redes específicas, comprendían aún en sentido lego, desde la intuición, la importancia que tenían la ansiedad, la sensación de pertenencia, y otros mecanismos humanos varios. En caso de no hacerlo, lo debían aprender rápido, con el sistema de control en vivo más exacto y tiránico de la historia. Podían no solo escuchar los reclamos de sus usuarios, sino también apreciar a que nivel diversas funciones tenían impacto en el público. Tanto positivo como negativo, cabe aclarar. Los que supieron aprovechar esa sinergia y domarla, alimentando las demandas del gran público, amasaron fortunas y relevancia. Los que no, cayeron en el desuso o estancamiento de nicho. Un extraño caso de democracia colectiva, en la que se vota con la presencia, y de formas esotéricas para el común de las personas que, aún en nuestra era de tanta transparencia, no sabe interpretar código o todo el tinglado tras bambalinas que implica un servicio basado en la web. Otra gran diferencia con las eras anteriores, cuando Internet era tierra de expertos y neófitos, que pronto aprendían los secretos hoy casi arcanos del html.

Es fácil juzgar desde la distancia, como quien no tiene nada que ver con el asunto, las miserias de la modernidad digital. Sin embargo, es mucho más complejo, y sin dudas revelador, entender que no hubo otra mano oscura manejando los hilos de la marioneta Internet y sus costumbres, que la de sus usuarios. Quizás hubieron otras, pero la validación o negativa incontestable vino de ellos. A esto lo pueden atestiguar varias empresas como Microsoft o Google, que a pesar de contar con recursos monetarios y técnicos virtualmente ilimitados, tuvieron sendos fracasos con pérdidas millonarias. Caso de Skype y su caída en desuso, o el de Google+, plataforma que debió finalmente ser abandonada. Cuando la sociedad digital baja el pulgar, no hay empresa millonaria que pueda convencerla de lo contrario.

A tal punto llega la ruptura social que genera la virtualidad, que en verdad no se puede dejar de pensar si en el fondo, más que ante una escultura, una pieza de nuestra creación pero distinta, no nos encontramos frente a un espejo. Uno que realza bellezas y acentúa imperfecciones, para quien desee verlas. Una naturaleza nada muerta, muy viva y en constante cambio, que se asemeja demasiado a sus creadores.

La pregunta de la Esfinge Efímera (breve interludio)

¿Cuál es el animal con voz, que en la mañana camina a cuatro patas, por la tarde anda en dos, y al anochecer en tres?

Un Edipo contemporáneo respondería: El mismo que comenzó a estudiar con pesados Atlas y enciclopedias en papel, luego lo hizo con software educativo como Encarta, y ahora, estudia con artículos de Wikipedia. Todo en el transcurso de un día generacional, o una vida.

Vida Descartable

La mayor pista de que Internet cambia y muta con nosotros, en lugar de ser un ente caprichoso que crece a placer, viene dada por otras costumbres y medios humanos que también han enfilado el timón hacia las mismas costas. Sin irse demasiado lejos en análisis antropológicos, filosóficos de la sociedad misma, sino en el mismo vecindario: El de la tecnología.

La gradual volatilidad de las memorias, capacidades, procesadores y microchips, así como de programas, funciones o medios que generan, no son nuevas. Es un lento proceso que se viene transitando desde hace décadas, que responde a infinidad de razones y causas, desde la economía globalizada, hasta el aumento de personas y por ende, usuarios y compradores habitando el planeta. Aún teniendo todo en cuenta, no alcanza para entender la forzosa condición efímera de celulares, computadoras, el culto a lo último o la obsolescencia programada. Una que para colmo, es demasiado cercana en el tiempo.

En una época en la que bien podríamos pagar excelentes productos con lustros de duración y uso ininterrumpido, hacemos todo lo contrario. Aunque los materiales de construcción lo permitan en el mercado de los smartphones, por poner un ejemplo emblemático, ninguno con 2 o 3 años de antigüedad sigue rindiendo de la misma forma. El ecosistema avanza tan rápido y necesita hacerlo para mantener la inercia de compra, que en la duración temporal establecida, saldrán infinidad de cámaras, promesas de plegabilidad, multiplicación de RAM.

Lo curioso es que el público, sea por un fetichismo, sentido de pertenencia o convencimiento publicitario, lo avala. Aunque sus mentes y bocas digan una cosa en los comentarios, sus bolsillos siguen pagando. Cuando uno quiere poder interpretar con rigor, las acciones, siempre, hablan más fuerte que los dichos.

Bajo el rótulo de progreso, aunque no se sepa bien hacia dónde se progresa, o para qué, se esconden tales fundamentos de caducidad. Como las hojas de los árboles caducifolios en Otoño se precipitan al suelo, así caen los billetes, físicos o digitales, para cambiar la crepuscular vida útil de las nuevas tecnologías. Dicho sea de paso, este tiempo que transitamos también ha planteado la volatilidad de los medios de pago o monedas, encarnados en entes con un valor nominal de mercado tan inquieto como el mar. Bitcoin, Ethereum y otras monedas que jamás conocerán el formato metálico, por irónico que suene, son las representantes económicas de un período donde hasta el dinero puede pasar de valer a no hacerlo.

El humano, que antes podría haber evadido tales condiciones y volcarse a lo seguro, lo más estable, ahora en cambio elige por voluntad propia entrar a la vorágine. No, sin dudas no es casualidad en absoluto la configuración efímera que se puede apreciar. Sino que responde a las propias inquietudes y deseos del inconsciente colectivo, más grande, global y cambiante que nunca. Una tecnología acorde, en expansión sin descanso tanto en idea como forma, ubicua al punto de ser casi universal, es el resultado.

A fenómenos apreciables como el aumento de la basura a nivel mundial, y el planteo de la necesidad del reciclaje, ya no como decisión ético-moral, sino desde lo imperativo para el bienestar; se le suman las obvias aplicaciones de la misma filosofía en el campo de lo digital. El paralelismo por emulación y contagio, se hace evidente en muchos planos de la vida moderna, tan atravesada por la ciencia aplicada. Medios tan simples en apariencia, como solían serlo la fotografía, han virado su interacción con el usuario, al punto en que el mismo ya no puede disponer de la imágenes en un álbum físico, sino que se vuelven propiedad y quedan bajo la tutela de alguna empresa online. Así también sucede a distintos niveles con otras artes y costumbres, ya cotidianas del humano actual.

Lo increíble es que incluso la velocidad de adaptación requerida a los cambios, que era rápida de por si, se ha acelerado. Las aplicaciones, servicios digitales, interacciones específicas entre usuarios de diversos medios, hasta los artilugios o aparatos para acceder a los mismos, son fugaces. No duran ni llegan a ser persistentes a lo largo de una sola generación o rango etario. Aquel proceso característico de la vida contemporánea, apreciado desde la Revolución Industrial, exacerbado con el cambio al Siglo XX y sus avances científicos, no ha hecho más que espiralizarse en ascenso desde la llegada de Internet y la computación hogareña. Los grandes parte aguas, generadores de momento bisagra en el tramo histórico que nos toca vivir, pero rara vez llegamos a entender.

Mastodontes como el viejo Messenger, IRC, ICQ, Facebook que como plataforma va en caída, el ya nombrado GeoCities, Fotolog, Vine y muchos otros, hoy en día son vistos como patrimonio del pasado. La masividad y penetración impresionante que solían tener no los salvó de un cauce tormentoso de río desbocado, el que tiene la tecnología moderna y sus olvidados paladines. Unos que supieron ser tan conocidos, usados, aceptados, que cuesta creer en verdad, que ya no existan o su importancia radique más como conglomerado, caso de Facebook.

¿Cómo podemos esperar entonces, que sea la interacción con los dispositivos utilizados, en efecto, para acceder a tales medios? Efímera. Con una fecha de vencimiento bastante joven, así creamos celulares, computadoras, televisores. Si, hay un claro componente desde la construcción de los mismos, que por la cantidad requerida y quizás por conveniencia de las empresas, deben durar un tiempo sugerido, y no más. Pero la fundamentación y los reflejos en otras partes de la sociedad, sus formas de comprar, consumir y relacionarse, también están.

Fragilidad Programada

Cuando la fuerza de la naturaleza es demasiado grande, las demás cosas simplemente fluyen con ella. Como las que son arrastradas en las olas y mareas, o las que vuelan en el medio de tormentas y huracanes. ¿Qué sentido tiene oponerse a una fuerza de esa magnitud? La misma pregunta se han hecho y contestado, respecto a lo volátil del mundo digital, las personas y compañías que la habitan.

Lejos de buscar algún tipo de posteridad, incluso el código que les da vida se piensa en constante metamorfosis. La transición de Flash a Java y más recientemente Html5, son una nueva forma de dejar en tal traspaso, miles de aplicaciones y productos en la obsolescencia. Desprotegidas ante el ataque de piratas informáticos y por ende, carentes de sentido en una sociedad completamente computarizada y que mantiene con cierto celo consciente sus datos privados, aunque luego los regale al aceptar un apartado de términos y condiciones.

Nada nunca ve una edición final. Así como una buena parte del desarrollo que antes era interno, puertas cerradas de la empresa para adentro, y con un buen filtro de pruebas antes de ver la luz del público, ahora es posterior en su totalidad. Este último punto es en especial notorio en la Industria del videojuego. Sin embargo, ya es común en toda aquella que requiera de una interacción o retroalimentación con el usuario final.

Como todo esta conectado si analizamos lo suficiente, encontraremos que una de las razones para que sea así, es en efecto, la variable e inmensa oferta del mercado con respecto a lo físico, al hardware. Problemática que obliga a los desarrolladores a adaptar sus creaciones para diversos medios, sistemas, lenguajes y entornos donde deberá desenvolverse luego. La carencia de un medio único para el que programar o diseñar, y la necesidad explícita de mantener actualizado para las nuevas generaciones que salen con diferencia de semanas o meses, y no de años como hace unas décadas, alimentan al monstruo colectivo de la modernización.

Desde el lado de los dispositivos que permiten ejercer esta actualidad, los smartphones, computadoras, televisores conectados, sucede algo muy similar. Con la pequeña diferencia de que cada tantos años, la industria de los mismos parece imponer, o responder al clamor popular según se quiera entender, algún nuevo artilugio, función o mejora. Que, a pesar de haber sido prescindible hasta el momento de su creación, desde la misma se convierte en necesidad. Resistido al principio, con dudas desde el público general, con el tiempo, reseñas y adaptación, previo pago de parte del consumidor por supuesto, termina por volverse algo común. El ejemplo simple y perfecto podría ser el ya no tan moderno de la multitud de cámaras en los teléfonos, los puertos de carga y audio que dejan décadas de desarrollo previo obsoletas a fuerza, o la capacidad plegable de las pantallas.

Industria, desarrolladores y compradores parecen ir todos hacia un mismo lugar, sea por voluntad propia o arrastrados por una corriente de cambio demasiado poderosa para poder oponerse con éxito. Tal y como sucede con el cauce de las grandes voluntades planetarias, aunque en privado mucha gente denuncie cierto hastío proveniente de tener que estar pensando en cambiar las cosas con tal celeridad, o llegue a la honestidad brutal de admitir enojo ante ello; las empresas que enfilan el timón en esa dirección, siguen siendo las más exitosas y actuales de todas. El flujo de dinero, no se detiene. Así, el modelo se revalida.

Quizás, por algún tipo de prudencia. Comprendiendo que en un mundo con equipos descartables, medianías de vida cortas y actualizaciones forzadas, lo único que falta por cambiar y ser reemplazado, es el mismo usuario. Que debe adaptarse en velocidad récord para estar a la altura de las circunstancias y no ser pasado por arriba, dejado atrás, sustituido. Por el momento.

De Efímero a Instantáneo

La modalidad reina en la actualidad. La que mueve masas jóvenes y confirma buena parte de la hipótesis; además de tener todas las miras de volverse aún más fuerte en el futuro cercano. La que vino cuando la capacidad técnica permitió llegar al punto, antes impensado, de poder transmitir en vivo desde la propia casa, en lugar de hacerlo en el entorno de un estudio televisivo cerrado. Pero también, la más tiránica con respecto al tiempo. A tal punto, que exige una devoción por parte tanto de quienes la crean, como de los que la consumen. Un culto que crea expresiones, cultura coloquial y ayuda a suplir infinidad de roles desaparecidos en los más jóvenes, trayendo también consigo innumerables dinámicas y problemáticas nuevas.El Streaming

Heredera, hermana espiritual de los previos *Podcast,* nieta a su vez en alguna extraña forma del formato radial clásico. Las genealogía de la transmisión en vivo por video, al alcance de una horda de creadores independientes, es una que sigue al pie de la letra el ADN de Internet. Una evolución lógica que estaba escondida, negada detrás de la falta de medios. Hasta que estos, en forma de cámaras web, micrófonos y conexiones a Internet estables, se hicieron presentes.

Imperios eléctricos modernos se han alzado o visto obligados a evolucionar ante su llegada. Así sucedió con Justin.Tv, reconvertido luego en el más conocido Twich, y YouTube, que ahora permite la misma posibilidad de transmitir como un servicio más.

De contenido más laxo, por lo general enmarcado en el entretenimiento, o la realización puntual de algo. ¿De qué? Bueno, eso queda librado a la originalidad, gustos y voluntad del emisor. Desde profesionales de los videojuegos practicando, compitiendo o disfrutando, a gente que baila, comparte su día a día, charla con sus visitantes, o básicamente lo que sea. No hay muchos límites, salvo los obvios, lógicos que vienen al analizar el medio, y sus consecuencias. Porque la misma condición que lo hace tan accesible, requiere en cambio un sacrificio, el del tiempo.

Al carecer de un guión, ser caóticos y sin un fin predeterminado, que de haber se suele expandir, retrasar, ampliar hacia nuevas fronteras. Se consumen, sienten como una dosis de cotidianidad y vida real sintéticas. Tal y como si el espectador estuviese acompañando al streamer en su labor desde el mismo lugar, en su cuarto, estudio o sala de estar. Esa cercanía símil vida real, que transpira desde la misma postura desenfadada, y en apariencia, sin máscaras procediendo del creador del show, puede durar desde unos minutos, a horas. Muchas, incontables horas, gracias en parte a otra característica especial del medio, el efecto rating instantáneo. El que permite que los seguidores se vayan sumando en diversos momentos a la transmisión, y no desde el comienzo.

Un formato elegido muy a dedo, personal, en el que para saber lo que sucedió, había que estar ahí. Todo el tiempo. Prestando atención. Donde cada tanto se toman momentos de interés y se respaldan en forma más duradera, aunque igual de volátil si pensamos en el largo plazo. En realidad, esos videos resúmenes, son apenas un traspaso de un medio inmediato, a uno efímero. Curiosa forma de definir el fenómeno, la evolución de lo transitorio, a lo instantáneo, y de vuelta al medio anterior.

Si reflexionamos en el hecho de que esta modalidad de consumo de información, entretenimiento y hasta noticias, es increíblemente popular entre los más jóvenes, entenderemos que el modelo solo puede seguir creciendo. Hasta que, quizás, otro aún más demandante y fugaz lo reemplace, o amplíe. O sus propios consumidores busquen algo, si se puede, más inmediato.

Huella Perdida

Hace unos años, con el cambio de década y los primeros pasos de los 2010s, se empezaron a sacar conclusiones, a generar pensamientos y análisis con respecto al pasado reciente. Internet dejaba de ser una novedad y mostraba que no se iba a ir a ningún lugar, sino a profundizarse su transversalidad y rango de acción. En las relaciones, las familias, el amor, las posibilidades humanas, el trabajo. En todo. Uno de los conceptos notables, muy propio de aquella época, fue el de Huella Digital. Imagen que exploraba la marca que íbamos dejando en nuestro recorrido, la estela de nuestro barco para navegar en la web.

Marcada por el despertar que entrañaba reconocer los pasos dados, aquella pisada grabada en la red traía recuerdos y en muchos casos vergüenza. Cuando no también, problemas, por conflictos entre la vida fuera de línea y el anonimato, grises conceptuales o hasta legales, propios de otra época. Una en la que a Internet todavía se la veía un poco, como un juego. Una curiosidad que era accesible y quizás, como tantas otras modas o artilugios humanos, no duraría demasiado. Pero si que duró, vaya si lo hizo en verdad.

Al encontrarse con el espectro del yo pasado, representado en posteos, fotos, artículos, perfiles y otros medios digitales, la experiencia no siempre era buena. De hecho, una de las razones por las que se empezó a pensar la noción de rastro o huella digital, fue la dada por teorizar cuánto tiempo pasaba hasta que las cosas se borraban de Internet. Un problema muy grande para aquellos agobiados por estafadores, que veían sus datos o su privacidad filtrada en la web, contra su voluntad o bajo consentimiento poco previsor.

Desde un punto de vista más técnico, la Huella Digital se refería y refiere a los dispositivos de seguridad, de rastreo y autoría, dependiendo el caso, que permiten individualizar archivos, creadores, consumidores. Diversos fines apuntan a crear tal red de individualización personal, de indicios y datos cruzados, a menudo utilizado para salvaguardar la misma seguridad de los usuarios online ante personajes maliciosos. O de generar un eficiente medio de persecución gubernamental, estatal, social. Como con tantas otras herramientas humanas, todo depende del contexto, de los fines, opiniones. Pero lo cierto es que los medios existen, así como hay muy poco de anonimato real en Internet. Cada click puede ser rastreado de ser querido, máxime el de un usuario que no sea experto en seguridad informática, categoría en la que cae la inmensa mayoría de personas. Casos de vigilancia online masiva salen cada tanto a la luz para confirmar que el interés en las vidas digitales de todos, existe. Una razón más para entender la Huella Digital como un rastro que, de ser necesario puede verse asimismo, como la pista que sigue el cazador para encontrar su presa. Desde entonces, diversos sitios, servicios y aplicaciones han intentado darle a los usuarios, la posibilidad de esconder o mantener en privado sus acciones online.

La toma de consciencia por parte del público, los casos de abuso o estafa cibernéticos con repercusión mediática, influyeron poderosamente en eso. Máxime, cuando la sociedad comenzó a ver que Internet no era algún tipo de realidad alterna virtual, sino que lo que allí pasaba bien podía transpirar y generar influencia del otro lado de la pantalla, en el mundo real. Incluso, podemos arriesgar decir, se empezó a comprender, que en efecto lo virtual también era real. Solo estaba respaldado en otro formato.

El péndulo varió, una vez más, y de un extremo cruzó al otro. De las épocas en que nadie temía por el anonimato, a cierta cautela intermedia. En la que crecimos muchos bajo la recomendación de nunca mostrar nuestro rostro o nombres reales (origen empírico de los nicknames o sobrenombres); a una nueva era en la que el nombre, entre el mar de gente que pulula Internet, es casi anecdótico. La influencia de sitios como Facebook, donde ser la misma persona en línea que en la vida cotidiana, respondía a la función de ser encontrados luego por amigos y familiares, fue fundamental. La masividad con la que sucedió eso, y las ventajas comunicacionales que experimentaron sus usuarios, hicieron que se perdiera definitivamente el miedo. La promesa de que quizás, con suerte y esfuerzo se podía capitalizar o hasta llegar a adquirir cierta fama por esos medios, usando el nombre propio como marca personal, convenció a los restantes. Hoy, que la Huella Digital es más grande, exacta y visible, es cuando menos le importa al común de la gente.

Quizás por eso no terminamos de comprender que buena parte de esa marca cibernética que estamos dejando, el rastro detrás nuestro que atestigua la presencia pasada es, aún con todo lo dicho, una marca efímera escrita en el líquido de la sociedad moderna. Puede ser más fácil que nunca seguirla para gobiernos y agencias con fines, varios, es cierto. Pero para el humano común, individual, limitado en recursos, hay todo un velo técnico difícil de traspasar. Una falta de apreciación en la importancia de lo que esos datos, tan interesantes para empresas y analistas, pueden llegar a significar. Pero sobre todas las cosas, un desconocimiento total del nivel de fragilidad que se maneja en todo lo respaldado por esos medios.

¿Cuántos álbumes familiares han desaparecido con un error, borrado de usuario o censura del administrador? ¿Qué cantidad de relatos, historias, cartas escritas en pocas líneas entre personas comunes y personalidades famosas, no llegarán a las salas de la Historia, pues se borrarán antes? ¿Acaso alguien se da cuenta, de que una decisión gubernamental, un bloqueo o actualización de los términos de servicio, pueden quitarnos parte de nuestra Huella Digital? Tanto la accidental, la no deseada, como la querida, la que nos muestra una parte de nuestra propia vida. La que vivimos atravesada por las redes. De la que es muy posible, poco y nada quede con el tiempo. Queda preguntarse qué sabríamos del pasado, de las épocas remotas y no tan efímeras, si sus huellas hubieran sido igual de volátiles que las nuestras.

Caducidad Irónica

Todas estas aristas de la realidad fallidera que nos toca vivir, son además de lo planteado, contradictorias. No vivimos en una época primitiva, remota, en la que acceder a cierta aspiración de inmortalidad digital sea imposible. Los antiguos, a pesar de sus infinitas limitaciones técnicas, pudieron legarnos buena parte de su cultura. Sus relatos, mitos y cosmogonía. Es cierto que de forma accidental, a través de medios tan dispares como un pedazo de arte decorando una vasija. Pero quedaron. Sea en rollos del Mar Muerto, pinturas en las paredes o congelados en las cenizas de Pompeya. Si nuestros respaldos son solo digitales, dentro de 1000 años, cuando la esperanza de vida de todos los discos rígidos o sistemas computacionales haya sido superada 100 veces. ¿Qué quedará?

Con motivo desde económico a industrial, de progreso computacional quizás, nos hemos sumergido en los tiempos líquidos sobre los que versara Bauman. Los hemos espiralizado, acelerado. Sin detenernos a pensar en lo que vamos dejando en el camino al adoptar y transitar tal sendero hacia la inmaterialidad. La fantasía de pensar que en muchos lugares se guarda la misma información que hay en Internet, nos da como sociedad una seguridad que no es tan certera. Hay muchas cosas que no se consiguen o no se han conseguido jamás en la red. Otras, que por decisión de un gobierno, censura o cambio de época, pueden caer en el terreno peligroso de la desaparición.

Nunca debemos olvidar, que sumadas a los desastres naturales que la agobiaron, las múltiples veces que la Biblioteca de Alejandría fue quemada o destruida, cuentan en su mayoría con tintes políticos, religiosos.

La misma era en la que más accesibilidad hay, más capacidad para generar medios e interacciones perennes, es la que más apuesta por un modelo inmediato. Uno que desde la técnica a la actitud, el hardware al empleo del mismo, son volátiles. Factible de falla. Y nadie parece preocuparse mucho por eso. Se le reza a Saint Cloud, San La Nube, como si fuese un medio infalible de respaldo, cuando en verdad, no lo es. Es solo un servicio que depende de una infinidad de factores para ser operacional, sujeto a normas legales y condiciones de servicio, que como bien aclaran, pueden variar o fallar.

En todos los estamentos se replica la misma modalidad, el formato unívoco, incuestionable. Vivimos en tiempos donde nada es certero, y todo puede ser criticado en el corto plazo. Apostar a la inmediatez y escapar como si de una compulsión se tratase, sistemáticamente a la posteridad, es nuestra posibilidad trucada, sugerida. Pero también la que más éxito momentáneo propone, mayor penetración en las nuevas generaciones. Quien no siga el patrón se expone a caer en la irrelevancia, condenado como todos, a vivir solo en el tiempo que le toca. ¿Qué hubiera sido de los grandes maestros universales, tan fascinados con la idea de sobrevivir y vencer a la muerte y al tiempo desde su arte, su oficio, su pulsión de vida, en nuestros días tan transitorios?

El paso de los años puede parecer despiadado, pero por lo general, resulta justo. Los que juegan todas sus oportunidades en lo inmediato, lo efectista, terminan siendo relegados cuando las tornas sociales y culturales cambian. Sitios como Internet Archive intentan dar su cuota de inmortalidad al medio. Pero aún ellos dependen de la disponibilidad técnica, misma que mantiene viva a todo Internet, para seguir existiendo. Sus servidores no se mantienen en base a buenos pensamientos o realidades mágicas propias del silicio. Deben regirse por las normas legales de distribución vigentes en los países que hospedan los servidores del sitio. Al igual que con cualquier otra cosa digital a la que accedemos sin entender cómo.

Es una verdadera ironía, aunque comprensible, la que nos entrega pensar que el medio que menos deterioro del material original entrega, sea a su vez el que puede hacerlo desaparecer del todo de una sola vez. Sin posibilidad alguna de salvataje. Mucho más tendiente al fallo de lo que estamos dispuestos a admitir.

Hasta Entonces

Finalizando, no es el objetivo de este escrito caer en tremendismo barato y crítica cáustica. Ambas cosas a la larga son improductivas y cortas de visión. No presenta una óptica destructiva sobre el modelo imperante, sino que acusa algunas de sus más obvias falencias y vulnerabilidades. Pero sobre todo, intenta traer a la luz tales defectos y miras hacia lo inmediato, para llamar a la necesaria reflexión, hoy en día tan dejada de lado en pos del efectismo evanescente.

Bien se puede argumentar en contra aparente, que la mayoría de las cuestiones aquí tratadas vienen de muchas décadas atrás. Que el abandono gradual y total de los medios, incluido su reemplazo por otros que también eran relevados luego; es una dinámica propia de la vida moderna. Muy por el contrario, es el objetivo traer a la consciencia justamente eso, que se trata de un mecanismo ya conocido, perfectible. Que sin embargo, no solo no abandonamos o tomamos en cuenta, sino que para colmo, estamos acelerando década a década, lustro a lustro, año a año, mes a mes.

La espiral se vuelve cada vez más veloz y en cada revolución hacia los costados, muchos caen por fuera y son olvidados. Piezas de la cultura que desaparecen de todo rastro para quedar solo en las memorias de quienes lo vivieron. Condenadas a formatos de reproducción obsoletos y que, de no tener algún tipo de adaptación en la brecha intergeneracional, serán pasto del olvido total.

No es suposición o arte adivinatoria, pasa y ha pasado incluso con grandes referentes de la cultura, con libros, películas, series y otros medios de los que ahora solo tenemos mención.

Internet y la digitalización pueden tener promesas de eternidad, solo si sus guardianes son capaces de cumplirlas. Sitios caídos en desgracia como MegaUpload o Rapidshare dan testimonio mudo de ello. Así como cualquier otro de los incontables lugares ya perdidos en las arenas del tiempo cibernético. Lugar en donde, cada vez más, prima lo actual, lo que produce shock y lo momentáneo. Donde en rara oportunidad, y en menos ocasiones, se piensa o produce pensando en el largo plazo, el futuro, en construir a posteridad.

Lo que puede tomarse tal vez como un reclamo de viejo, inadaptado a las nuevas generaciones. Enamorado de épocas y formatos abandonados, romántico digital de las redes y el momento histórico que le tocó vivir. Es posible que algo de eso haya. Pero si me sucede, es seguro que aún más fuerte lo sentirán los que hoy se sienten en la cresta de la ola. Los que crean haberla domado o haberse acostumbrado a su velocidad ascendente de torbellino. Los que bailen contentos al son de la fragilidad programada y vivan sin dejar una huella que relate su camino. Aquellos que prefieren estar equivocados rápido, que seguros y bien informados con tiempo. Quienes no leen pues tal medio se encuentra reservado para cosas que aspiran a cierto porvenir, sino que solo consumen medios líquidos. Y nadie escribe sobre el agua. Algún día, más pronto que tarde, puede que tales seguridades les fallen, falten, y no encuentren registro de su paso por este plano, o algo que las futuras generaciones recuerden de ellos. Hasta entonces, se sentirán invencibles, actuales, sin notar que hasta esa sensación de eterno cambio, es perecedera.

Es certero que las herramientas con las que contamos son las mejores, más eficientes, descentralizadas y con mayor alcance de la historia. Aún así, eso no esconde su fragilidad intrínseca, su acceso limitado por muchos factores. Ni tampoco debe embelesarnos el concepto de producir específicamente para ellas, paso a paso acercándose a lo caduco. Por usarlas, el ser humano moderno deberá aprender a recordar más seguido el largo plazo. La posteridad. Porque no existen aspiraciones de inmortalidad o recuerdos, para los que vivan en la eternidad de una era efímera.

Contenido